NOTE

SUR L'ANCIENNE CORPORATION

DES MAITRES SCULPTEURS

DE LA VILLE DE SAINT-CLAUDE (JURA)

PAR

Bernard PROST.

~⌒⌒✕⌒⌒~

LONS-LE-SAUNIER

IMPRIMERIE J. DECLUME

—

1881

NOTE

SUR L'ANCIENNE CORPORATION

DES MAITRES SCULPTEURS

DE LA VILLE DE SAINT-CLAUDE (JURA)

PAR

Bernard PROST.

~~~

LONS-LE-SAUNIER

IMPRIMERIE J. DECLUME

—

1881

Extrait des Mémoires de la Société d'Emulation du Jura.

NOTE

SUR

L'ANCIENNE CORPORATION DES MAITRES SCULPTEURS

de la ville de Saint-Claude.

———

On possède peu de données précises sur l'origine et les progrès de l'industrie à Saint-Claude. Deux ou trois lignes de Gilbert Cousin (1), quelques indications sommaires disséminées dans différents ouvrages (2), un mémoire,

(1) *Description de la Franche-Comté par* GILBERT COUSIN, *de Nozeroy* (année 1550), *traduite pour la première fois et accompagnée de notes par* M. ACH. CHEREAU (Lons-le-Saunier, Gauthier frères, 1863, pet. in-8º), p. 51, 116. (*Publications de la Société d'Émulation du Jura.*)

(2) (LE P. J.-R. JOLY) *La Franche-Comté ancienne et moderne* (Paris, 1779, in-12), p. 69 : — CRESTIN, *Notice historique sur la ville de Saint-Claude....., son titre, l'abbaye qui lui a donné son nom, ses productions, son commerce, son industrie.....* (Paris, 1813, in-8º), p. 14-15 ; — A. ROUSSET, *Dictionnaire géographique, historique et statistique des communes de la Franche-Comté..... Département du Jura* (Besançon, Lons-le-Saunier, 1853-1858, 6 vol. in-8º), t. II, p. 219-220 ; — L'ABBÉ DE FERROUL-MONTGAILLARD, *Histoire de l'abbaye de Saint-Claude.....* (Lons-le-Saunier, 1854-1855, 2 vol. in-8º), t. I, p. 67, note 2 ; — *Vie des saints de Franche-Comté,* par LES PROFESSEURS DU COLLÈGE SAINT-FRANÇOIS-XAVIER DE BESANÇON (Besançon, 1854-1856, 4 vol. in-8º), t. I. p. 296, t. III, p. 53-54, 142-143, 181-182 ; — (LE CÔMTE D'AUGICOUR) *La Franche-Comté ancienne et moderne* (Besançon, 1857-1859, 2 vol. in-8º), t. II, p. 26 ; — L'ABBÉ SUCHET, « Les arts et métiers dans la Séquanie, » et « De l'industrie en Franche-Comté avant et après la conquête de Louis XIV, » dans le bulletin de l'*Académie*

sans grande importance, de l'abbé Mermet (1) : rien de plus. Le sujet reste à traiter.

J'ai réuni déjà de nombreux documents sur la matière ; cependant, je n'ai pas la prétention d'avoir épuisé les recherches et recueilli tous les éléments nécessaires pour reconstituer l'histoire aussi complète que possible de l'industrie et du commerce du haut Jura. En attendant la publication — plus ou moins prochaine — d'un travail d'ensemble, j'extrais de mes notes quelques renseignements inédits qui me semblent tout particulièrement dignes d'intérêt.

L'art que les Jaillot, les Villerme et les Rosset ont poussé à une si haute perfection, et qui, depuis eux, n'a plus guère compté à Saint-Claude de représentants, la sculpture, est une branche de l'industrie san-claudienne qui paraît avoir été très florissante à partir du seizième siècle, et même, selon toute probabilité, à une époque antérieure.

Personne pourtant, que je sache, n'a mentionné jusqu'à présent l'existence dans cette ville, d'une ancienne corporation d'*imagiers*, de maîtres sculpteurs. Voilà une lacune que je vais essayer de combler.

Le premier document, à ma connaissance, qui nous ait

des sciences, belles-lettres et arts de Besançon, janvier 1867, p. 99-105 ; ann. 1876-1877, p. 64, 76 ; — CORNEILLE, *Dictionnaire universel géographique et historique*, t. III, BRUZEN DE LA MARTINIÈRE, *Le grand dictionnaire géographique, historique et critique*, t. V, ROBERT DE HESSELN, *Dictionnaire universel de la France*, t. VI, au mot Saint-Claude ; — CH. NODIER, J. TAYLOR..... *Voyages pittoresques et romantiques dans l'ancienne France. Franche-Comté*, p. 67 ; — etc., etc.

(1) « Histoire de l'art à Saint-Claude depuis son origine, » dans l'*Annuaire du département du Jura*, ann. 1842, p. 312 et suiv. — Pour la période moderne, on peut consulter le « Mémoire sur l'état des manufactures et des arts dans l'arrondissement de Saint-Claude, en 1789 et pendant l'an IX, » par M. BAUD, sous-préfet de cet arrondissement, dans l'*Annuaire du département du Jura*, ann. 1847, p. 40 et suiv.; les ouvrages de MM. LOUIS REYBAUD, AUDIGANNE, etc.; la *Statistique générale de la France* ; etc.

conservé le souvenir de cette corporation, est une inscription commémorative de deux fondations d'offices religieux faites par les « tailleurs et imageurs » de Saint-Claude en l'église paroissiale Saint-Romain, la première à la date du 18 octobre 1576, la seconde, quelques années après. Elle est ainsi conçue (1) :

Le. 18. OCtoBRE. 1576. LES. TAILLIEVRS. ET. IMAGEVRS. FonDENT. eN. CE. PÑT. HAULtE. VNE. MESSe. A. DIACRE. ET. sous. DIAcre. QVE. SE. doiBT. DirE. A. VNG. CHUm. iOVr. DE. FESte. MSR. ST. LVC. EvaNGELISTE. AVEC. unE. PROceSSION. AVTOur. de. laDITE. EglISE. PeNDanT. la. celebraTION. DE. laqVELLE. Messe. LES. SRS. CVRE. ET. FamILIES. SERonT. TENus. daLLVME. DEVx. cier Ges. SVR. LEd. HAULTE. et. apRES. la. CELEbrATION. DICELLE. mes SE. SE. DOIBT. DIRE. le. LIBERA. ME. LE. reSPON. ET. LOroison. PLVS. le. 14. OCTOBRE. 15.. LESDIT. TAillieVRS. ET. IMAGEVrs. FONDENT. anNVeLLEMENT. VESPRES. QVE. SE. DOIBVENT. dire. A. HAVLTE. voiX. LEDit. IOVR. dE. FESTE. MONSIEVR. SAint. LVC. AVEC. DEVx. cleRGES. SVR. le. grAND.. HAVlte. et. SERONT. TENVZ. LESDIT. SIEuRS. CVre. ET. DeSERvans. POVRTER. DeVX. CHApES. en. LA. PÑTE. CHaPPElle. avec. les. (?) ENCENSOIRS. aCCOUSTUMES. REQVIESCANT. IN. pace.

Il est donc acquis désormais qu'au seizième siècle il y avait à Saint-Claude une corporation d'*imageurs*, de

(1) L'inscription ci-dessus se trouvait dans une chapelle de l'église Saint-Romain, avant sa démolition en 1793. Elle est encastrée aujourd'hui dans un parement de mur, à l'intérieur d'une des maisons construites sur l'emplacement ou à proximité de cette église (maison Vuillermoz, 2, rue du Collège). Composée de quinze lignes et gravée, en petites majuscules romaines, sur une tablette de pierre qui mesure environ 40 centimètres de longueur et 35 de hauteur, elle a été récemment mutilée en de nombreux endroits, à coups de pic ou de ciseau. — J'ai employé l'*italique* pour les mots et parties de mots restitués.

C'est M. Comoy, architecte à Saint-Claude, qui m'a fait connaître cette inscription et m'a aidé à la relever, lors d'un voyage que je fis dans cette ville, au mois de janvier 1879. Il l'avait déjà signalée, m'a-t-il dit, à feu M. Désiré Monnier, qui ne paraît pas en avoir compris l'importance, ou, du moins, n'en a parlé nulle part dans ses diverses publications sur l'histoire et l'archéologie franc-comtoise.

tailleurs d'images, parfaitement distincte des tourneurs et des fabricants de *patenôtres* (chapelets), qui, depuis longtemps déjà, y pratiquaient leur industrie. Malgré l'absence de documents, il y a lieu de croire que cette corporation avait une origine beaucoup plus ancienne et remontait au moins au quatorzième siècle. On sait, en effet, que, pendant tout le moyen âge, les reliques de saint Oyand et de saint Claude ont attiré en foule les pèlerins au célèbre monastère du haut Jura, et que, dès une époque reculée, ces pèlerinages contribuèrent à développer l'industrie locale des objets de dévotion, tels que statuettes, reliquaires, crucifix, chapelets, médailles, etc. Aussi, est-il à peu près certain que les *imagiers* san-claudiens du seizième siècle ont dû avoir, de bonne heure, des devanciers en un art dont les produits trouvaient sur place et au dehors des débouchés assurés et rémunérateurs. Bien qu'aucun nom de ces modestes artistes ne soit parvenu jusqu'à nous, c'est à eux également, sans doute, qu'on doit, au moins en partie, les magnifiques stalles de la cathédrale de Saint-Claude, exécutées au milieu du quinzième siècle, sous la direction de Jean de Vitry (1), et la plupart des statues, retables, bas-reliefs, dalles funéraires et autres travaux de sculpture qui décoraient jadis et ornent encore aujourd'hui les églises et les chapelles de toute la région des hautes montagnes jurassiennes.

Quoi qu'il en soit, j'espérais découvrir aux Archives départementales du Jura, dans le fonds de l'église saint-Romain de la ville de Saint-Claude, le texte des fondations mentionnées dans l'inscription commémorative que j'ai

_____

(1) Voir « Étude archéologique sur les stalles de la cathédrale de Saint-Claude, » par M. A. VAYSSIÈRE, dans les *Mémoires de la Société d'Émulation du Jura*, année 1874, p. 77 et suiv., et la « Note sur Jean de Vitry, auteur des stalles de l'église de Saint-Claude, » que j'ai insérée dans les *Mémoires* de la même Société, année 1876, p. 371 et suiv.

publiée plus haut. La teneur de ces actes nous eût révélé probablement des noms, et, peut-être, des détails intéressants. Mais toutes mes recherches sur ce point ont été inutiles : pas la moindre trace de libéralités pieuses, de la part de nos *imagiers*, pendant le seizième siècle. Il faut arriver à l'année 1655 pour voir « les maistres sculpteurs » san-claudiens, continuant les traditions des *imagiers* leurs prédécesseurs, fonder à leur tour, en la même église, des matines et une grand'messe solennelle suivie d'un *miserere*, à célébrer chaque année le jour de la Saint-Luc, fête patronale des peintres et des sculpteurs (18 octobre).

Je donne ailleurs (1) *in extenso* le libellé de cet acte. Je me borne à en extraire ici les noms des artistes qui y figurent au nombre de vingt-cinq. Ce sont : Jean Reymondet, Humbert et Guillaume Thiéboz, père et fils, Claude Brange, Jean Cristin-Milan, Claude Bichet, Simon et Humbert Jaillot, frères, Oyand Serre, Jean Bernu, Pierre Cristin, Jean Ducel, Sébastien Guillon, Cyprien Girard, Michel Maillat, Girard Morel, Claude-Nicolas David, Nicolas et Marc Cochet, Claude-François Favier, Denis Rosset dit Dupont, Cile Comoy, Pierre Duparchy, Claude-Nicolas Gillet, Jacques Revillard dit Reguillon, « maistres sculpteurs de la ville de Saint-Ouyan de Joux (2). »

On remarquera parmi ces noms ceux de *Simon* et *Humbert Jaillot*, et de *Denis Rosset dit Dupont*.

Les deux Jaillot dont il s'agit sont, selon toute apparence, les frères Pierre-Simon et Alexis-Hubert (ou Humbert) Jaillot, excellents sculpteurs sur ivoire, natifs de Saint-Claude ou des environs, qui vinrent s'établir à Paris vers l'an 1657. Simon y fut reçu membre de l'Académie de peinture et de sculpture, le 28 mai 1661 (3). Hubert aban-

(1) V. *Pièces justificatives*, n°. I.
(2) Ancien nom de la ville de Saint-Claude.
(3) Sur Simon Jaillot, V. *Le livre des peintres et graveurs*, par

donna presque complètement son art pour la gravure des cartes géographiques, et devint « géographe ordinaire du Roy (1). »

Quant à Denis Rosset dit Dupont, tout fait présumer qu'il est un ascendant, probablement même le grand père du fameux sculpteur François-Joseph Rosset dit Dupont, né à Saint-Claude en 1706 et mort dans cette ville en 1786 (2).

MICHEL DE MAROLLES, ABBÉ DE VILLELOIN (édition G. Duplessis : Paris, P. Daffis, 1872, in-16), p. 41 ; — FLORENT LE COMTE, Cabinet des singularitez d'architecture, peinture, sculpture et gravure..... (Bruxelles, 1702, 3 vol. in-12), t. III, p. 185-187 ; — Oeuvres du MARQUIS DE VILLETTE (Edimbourg, Paris, 1788, in-8°), p. 239 ; — Biographie universelle MICHAUD, au mot Jaillot ; — A. JAL, Dictionnaire, critique de biographie et d'histoire (Paris, 1872, in-8°), p. 701 ; — PH. DE CHENNEVIÈRES et A. DE MONTAIGLON, Archives de l'art français, t. I, p. 361, t. II, p. 373, t. III, p. 2 ; — Annuaire de la préfecture du Jura pour l'an XIII (1804-1805), p. 91-92 ; — DÉSIRÉ MONNIER, Les Jurassiens recommandables... (Lons-le-Saunier, 1828, in-8°), p. 327, ; — A. ROUSSET, Dictionnaire... historique... des communes du département du Jura, t. I, p. 135.

(1) Sur Hubert Jaillot, V. les ouvrages précédemment cités de L'ABBÉ DE MAROLLES, p. 41, de FL. LE COMTE, p. 185-187, du MARQUIS DE VILLETTE, p. 239, de JAL, p. 701, de D. MONNIER, p. 460, d'A. ROUSSET, p. 135 ; Annuaire de la préfecture du Jura pour l'an XIII, p. 90-91 ; — le P. J.-R. JOLY, La Franche-Comté ancienne et moderne, p. 95-96 ; — MORÉRI, Le grand dictionnaire historique, et la Biographie universelle MICHAUD, au mot Jaillot.

(2) Sur cet artiste et sur ses fils, Claude-François, Claude-Antoine et Jacques, sculpteurs comme lui, voir : Oeuvres du MARQUIS DE VILLETTE, p. 229-232 ; — GACON, Voyage et pièces diverses (Lons-le-Saunier, an VI, in-8°), p. 15-16 ; — CRESTIN, Notice historique sur la ville de Saint-Claude....., p. 40-42 ; — D. MONNIER, Les Jurassiens recommandables...; p. 327-330 ; — PYOT, La Franche-Comté ou Comté de Bourgogne, ses souverains, ses hommes illustres..... (Dole, Besançon, 1836, in-12), p. 203 ; — A. MARQUISET, Statistique historique de l'arrondissement de Dole (Besançon, 1841, 2 vol. in-8°), t. II, p. 206 ; — Annuaire du département du Jura, année 1842, p. 324-327 ; année 1846, p. 472 ; — Bulletin de l'Académie des sciences, belles-lettres et arts de Besançon, janvier 1853, p. 14 ; ann. 1876-1877, p. 76-77 ; — A.

Le 13 novembre 1661, nouvelle fondation par « les maistres sculpteurs de la ville de St-Claude, » en la même église, de vêpres suivies d'un *Salve regina*, à chanter chaque année la veille de la Saint-Luc (1). Leurs noms ne sont pas mentionnés dans l'acte; mais, à une date si rapprochée, les membres de la corporation devaient être, à peu d'exceptions près, les mêmes qu'en 1655.

Quelques ans auparavant, le 5 août 1658, les « maistres tourneurs » de Saint-Claude, « mehuz de piété et dévotion envers la divine Majesté, la glorieuse Vierge Marie, et saint Dominique, leur patron, » avaient choisi aussi l'église Saint-Romain pour y fonder, de leur côté, une grande messe des morts, « une haulte messe de l'office des trespassez, à diacre et sous-diacre, » suivie du *De profundis* et du *Libera me*, à célébrer annuellement le lendemain de la Saint-Dominique (le 5 août), « à l'intention et pour le repos des âmes des défunctz torneurs de lad. ville. » On trouvera le texte de cette fondation aux pièces justificatives (2); citons seulement les noms des vingt-trois « maistres tourneurs » qui y prirent part : Humbert Thiéboz, Jacques Joly, Jean Blondan, Claude Refait, les frères Sébastien, Claude-Nicolas et Humbert Granier, Claude-Pierre Grandclément, Louis Reymond dit Jarin, Pierre-Jacques Bouvier-Clacquin, Pierre Patel, Guillaume Blondan-Pillon, Claude Bariot dit La Jeunesse, Abraham Tissot, Claude-Humbert Goyard, Jacques Tissot, André Perrier dit Gabety, Pierre

---

ROUSSET, *Dictionnaire..... historique..... des communes du département du Jura*, t. II, p. 236-237; — L'ABBÉ DE FERROUL-MONTGAILLARD, *Histoire de l'abbaye de Saint-Claude*, t. II, p. 73 ; — *Biographie universelle* MICHAUD, au mot Rosset ; — *Mémoires de la Société d'Émulation du Jura*, année 1875, p. 40 ; — A. DANTÈS, *La Franche-Comté littéraire, scientifique, artistique.....* (Paris, 1879, in-18), p. 132-134 ; — J.-F. LANCRENON et AUG. CASTAN, *Catalogue des peintures, dessins et sculptures du musée de Besançon* (Besançon, 1879, in-18), nos 403 et 805.

(1) V. *Pièces justificatives*, no II.
(2) No III.

Serre, Jean Soudan dit Monet, Jacques Hugon, Jacques Revillard, Claude Millet, « tous bourgeois et habitantz de la ville de St-Claude, » et François Christin dit Pion, de Chaumont (1).

Voilà déjà bien des noms à inscrire au Livre d'or de l'industrie de Saint-Claude ; ajoutons-y, en terminant, ceux de quelques artistes san-claudiens qui méritent aussi d'être tirés de l'oubli :

« Philibert Gabet, de St-Ouyan, peintre, » vivait à Saint-Claude en 1598-1599 (2).

« Jehan Catherin Brigan, habitant à Sainct-Ouyan, tailleur d'images, » exerçait son art en 1608 (3).

« Girard Comoy, de Sainct-Claude, peintre, » résidait à Dole en 1620 (4). Un autre peintre, son parent, « Daniel Comoy, » habitait la même ville en 1621 (5).

---

(1) *Chaumont,* village voisin de Saint-Claude.

(2) *Archives du Jura.* Série B, fonds de la grande judicature de Saint-Claude, journées de 1598-1599, reg. in-folio, ff. 11, 32.

(3) *Id.* même fonds, documents non classés.

(4) *Archives communales* de Dole, n° 661.

(5) *Id.* n° 836.

PIÈCES JUSTIFICATIVES.

I.

LES MAITRES SCULPTEURS DE SAINT-CLAUDE FONDENT EN L'ÉGLISE
PAROISSIALE SAINT-ROMAIN DE CETTE VILLE DES MATINES ET
UNE GRANDE MESSE SOLENNELLE, A CÉLÉBRER CHAQUE ANNÉE LE
JOUR DE LA SAINT-LUC (18 octobre).

1655, 30 novembre.

Au nom de Dieu, Père, Fils et St Esprist, amen. Soit notoire
et manifeste comm'il soit qu'honnorables hommes Jean Reymón-
det, Humbert et Guillaume Thieboz, père et filz, Claude Brange,
Jean Cristin Mylan, Claude Bichet, Simon et Humbert Jailloz,
frères, Oyan Serre, Jean Bernu, Pierre Cristin, Jean Ducel,
Sebastien Guillon, Cyppriain Girard et Michel Maillat, Girard
Morel, Claude Nicolas David, Nicolas et Marc Cochet, Claude
François Favier, Denis Rosset dit Duppon, Cyle Comoy, Pierre
Duparchy, Claude Nicolas Gillet, Jacques Revillard dict Reguillon,
maistres seculpteurs (sic) de la ville de St-Ouyan de Joux, mehuz
de devotion envers monsieur St Luc, et pour la plus grande
solemnité du jour que l'on celebre sa feste, ayent requis mes-
sieurs les venerables curé et familliers de l'eglise parroissialle
monsieur St Romain dud. St-Ouyan, vouloir aggreer et prendre
charge de dire et chanter solemnellement les matines, annuellement et perpetuellement, un chacun jour de feste St Luc, et à la
fin d'icelles celebrer une grande messe solennelle en l'autel de
St Martin estant en lad. eglise, où est l'image dud. St Luc, et, fi-
nalement, de dire à la fin de lad. messe un *miserere*, soubz l'offre

faict par lesd. maistres seculpteurs de payer ausd. sieurs curé
et familliers, pour la dotation et fondation desd. matines, messe,
miserere et luminaires, la somme de sept vingtz frans monnoye
de Bourgougne, pour une fois ; à quoy inclinans favorablement,
lesd. sieurs curé et familliers par venerables sieurs messires
Jacques Joly, vicaire en lad. eglise, Guillaume Rosset, docteur
en droict canon, Jacques Vincent, Pierre Poncet, procureur
sechal, Jean Vuillerme, docteur en sainte theologie (1), Lupcin
Thieboz, Pierre Romain Bauderat, Nicolas Granier, Claude
Catherin Joly, et François Reymond, tous familliers et deservans
en lad. eglise, et tant en leurs noms que des autres sieurs familliers d'icelle, lesquelz s'estantz constituez par devant les notaire
et tesmoins em bas nommez, ont prins et acceptez la charge
(soubz le bon vouloir et plaisir de monseigneur leur diocesain)
(2) de dire, chanter et celebrer lesd. matines et messe solemnelle, et à la fin d'icelle le *miserere*, annuellement, aud. jour de
feste St Luc, et fournir tous luminaires, ornementz et autre (sic)
choses à ce necessaires (et c'est en oultre la messe solemnelle
que lesd. sieurs familliers celebrent led. jour pour les maistres
sculpteurs, fondée par leurs devanciers, et en laquelle ilz
ouffrent le pain benist, qu'ilz font tous les ans), et de commencer les susd. offices aud. jour prochain, et ainsy d'année à autre
perpetuellement ; et c'est moyennant lad. somme de sept vingtz
frans, sçavoir celle de cent frans pour lesd. matines, et quarante
frans pour lad. messe, *miserere*, luminaires et ornemens, de
laquelle lesd. maistres sculpteurs et (sic) ont delivrez et payez
reellement ausd. sieurs vicaire et familliers celle de cent frans,
comptée et retirée par led. sieur Poncet, en lad. qualité de procureur sechal de lad. familliarité, et dont lesd. sieurs se sont

---

(1) Le sculpteur sur ivoire Joseph Villerme, Villierme ou Vuillermo,
né à St-Claude vers 1660, et mort à Rome en 1720 ou 1723, appar-
tenait probablement à la même famille que ce docteur en théologie. —
Sur cet artiste, voir l'*Abecedario* de P.-J. MARIETTE, publié par *Ph. de
Chennevières* et *A. de Montaiglon*, t. VI, p. 82-83, et L. DUSSIEUX, *Les
artistes français à l'étranger* (Paris, 1876, in-8°), p. 103. 487.

(2) L'archevêque de Lyon. — On sait qu'avant l'érection de l'évê-
ché de St-Claude, en 1742, la partie méridionale de la Franche-Comté
dépendait du diocèse de Lyon.

tenus pour contentz et ont promis l'employer en achapt de rente au proffit de lad. familliarité, par les lettres de laquelle serat dit que led. capital provient desd. maistres et presente fondation, ayans declairez que lad. somme de cent frans provient tant d'eux que des bonnes volontez de ceux et celles qui sont ou sont estez dud. art. de sculpteurs, telz qu'ilz sont descript (*sic*) sur les livres desd. maistres concernans leur fondation. Et quant aux quarante frans restans de lad. somme de sept vingtz frans, iceux maistres sculpteurs ont promis et de ce se sont obligez payer annuellement, à chacun jour de feste St Luc, ausd. sieurs vicaire et familliers, la somme de deux frans jusques à ce qu'ilz leur baillent lesd. quarante frans, laquelle recevant seront obligez de la mettre à rente comme et à la forme de la susd.; le tout ayant esté ainsy stipulé et aggreé par lesd. parties, qu'ont promis l'avoir pour aggreable et l'effectuer chacune endroict soy, à peyne de tous despens, dommages et interestz, soubz l'obligation de leurs biens, mesmes lesd. sieurs familliers de ceux de lad. familliarité submis soubz le seel de Sa Majesté et tous autres, en renonceantz à toutes exceptions contraires. Faictes et passés (*sic*) en la sacristie de lad. eglise par devant Claude Nicolas Reymond, dud. St-Ouyan, notaire, le trentième novembre mil six cent cinquante cinq, ees (*sic*) presences de messire Hypolite Granier, prestre, Phillippe Benoist Gonin et autres, dud. St-Ouyan, tesmoins requis. Les sieurs familliers avec les tesmoins et notaire ont signez le prothocolle.

(*Signé* :) C. N. REYMOND.

Et depuis, le dix neufvieme octobre de l'an mil six cent cinquante six, en la sacristie de lad. eglise parroissialle de St Romain, se sont constituez lesd. sieurs messires Jacques Joly, vicaire, Claude Monet, Guillaume Rosset, docteur en saintz canons, Jacques Vincent, Pierre Poncet, Claude David, Jean Vuillerme, docteur en sainte theologie, Catherin Jean Guillaume, Lupcin Thieboz, Pierre Romain Bauderat, Nicolas Granier, Claude Catherin Joly et François Reymond, procureur sechal, tous prestres et familliers en lad. eglise, lesquelz ont confessez avoir receu ce jourd'huy, à la passation de cestes, content (*sic*) et reellement, des maistres sculpteurs de la ville dud. St-Claude cy devant mentionnez, presentz, stipulans, la somme de quarante frans, et c'est pour la dotation et fondation de la messe, *miserere*, luminaires et ornementz mentionnez en la susd. fondation, et lesquelles messe et *miserere* se diront annuellement, à chacun jour de feste monsieur S¹ Luc, incontinent après les susd. matines ; et moyenant laquelle somme de quarante frans qu'at esté retiré (*sic*) par led. sieur messire François Reymond, en qualité de procureur sechal desd. sieurs familliers, ilz sont content (*sic*) et en quittent lesd. maistres scrupteurs (*sic*) et tous autres, et promettent l'employer en achapt de rente au proffit de lad. familliarité, par laquelle serat dict qu'elle provient de lad. fondation, ainsy qu'il est rapportté par la precedente, le tout à peyne de tous despens, dommages et interestz ; obligeantz pour ce lesd. sieurs familliers les biens de lad. familliarité submis soubz le seel de Sa Majesté, et tous autres, en renonceant à toutes exceptions contraires. Faictes et passés par devant led. Claude Nicolas Reymond,¹ notaire, ees presences d'honnorables Claude François Rochet, chirurgien, et Constantin François Coyrière, dud. S¹-Ouyan, clerc, tesmoins requis. Les sieurs familliers, tesmoins et notaire ont signez le prothocolle.

(*Signé* :) C. N. REYMOND.

II.

AUTRE FONDATION PAR LES MAITRES SCULPTEURS DE SAINT-CLAUDE, EN LA MÊME ÉGLISE, DE VÊPRES SUIVIES D'UN *SALVE REGINA* A DIRE ANNUELLEMENT LA VEILLE DE LA SAINT-LUC.

1661, 13 novembre.

Au nom de Dieu, amen. Comm'il soit que les *maistres scrupteurs* (sic) de la ville de S¹-Claude ayent desjà, à l'honneur et gloire de S¹ Luc, fondé en l'eglise parroissiale S¹ Romain de la ville de S¹-Claude matines, une grande messe après, une autre où s'ouffre le pain benict, et vespres qui se dient et chantent le jour de feste dud. glorieux S¹ Luc, en lad. eglise, et qu'ilz desirent augmenter leur pieuse et devotieuse intention, ayent prié et requis les sieurs venerables vicaire et familliers de lad. eglise

paroissiale S¹ Romain de vouloir se charger de chanter annuellement, en lad. eglise, solemnellement vespres en la chapelle où
est l'image de monsieur S¹ Luc, la veille de lad. feste, et à
l'yssue un *Salve regina*, et pendant icelles y faire tenir allumez
deux cierges, et qu'au cas que lad. veille de feste se treuve un
jour de dimanche, lesd. vespres soient chantéez au cœur (*sic*) de
lad. eglise, ouffrant pour icelles, pour une fois, la somme de
quarante frans pour lad. fondation; à laquelle pieuse intention
ayant esté incliné favorablement à la part desd. sieurs familliers,
par venerables et discrettes personnes messires Jacque Joly,
vicaire en lad. eglise, Claude Monet, Guillaume Rosset, docteur
ès saints canons, Jacque Vincent, Pierre Poncet, Jean Vuillerme,
docteur en sainte theologie, Lupcin Thiboz, Pierre Romain Bauderat, Nicolas Granier, Claude Catherin Joly, François Reymond,
procureur sechal, et Claude Vincent, tous familliers desservans
en lad. eglise, cy presentz, et tant en leurs noms que de tous
les autres sieurs familliers d'icelle, lesquels s'estantz constituez
par devant les notaire et tesmoins em bas nommez, ont prins et
acceptez la charge de chanter annuellement vespres solemnelles
en lad. eglise, la veille de feste S¹ Luc, en la chapelle où est son
image, et faire mettre deux cierges ardans sur l'autel pendant
icelles, et à la fin chanter un *Salve regina*, et au cas que lad.
veille se treuve un jour de dimanche, de les chanter au cœur de
lad. eglise, et de commencer lesd. offices aud. jour de veille
feste S¹ Luc de l'année prochaine mil six cens soixante deux ; et
c'est moyennant lad. somme de quarante frans qu'iceux fon-
dateurs denommez au bas des presentes ont payez content, reellement et d'effect ausd. sieurs familliers, bien comptez et retirez par led. sieur Reymond, procureur sechal, et dont ils s'en
sont tenuz pour contentz, et ont promis l'employer en achapt de
rente au proffit de lad. eglise, par les lettres de laquelle sera dit
que le capital provient de la susd. fondation, ayant ainsy le tout
esté stipulé et aggreé par lesd. parties, qui ont promis l'avoir
pour aggreable, mesme lesd. sieurs familliers, pour eux et leurs
successeurs, de l'effectuer; obligeantz pour ce les biens de lad.
familiarité soubz le seel de Sa Majesté et tous autres, en renonceantz à toutes exceptions contraires, et neammoins soubz le bon
vouloir et plaisir de monseigneur leur diocesain. Que sont estés

faictes et passées en la sacristie de lad. eglise le treizième jour
du mois de novembre mil six cens soixante un, ès presences du
sieur Claude Dronier, notaire, et Jean Bailly Masson, bourgeois
dud. St-Claude, tesmoins requis. Les sieurs vicaire et familliers
avec le notaire et sieur Dronier, cotesmoings, ont signé le prothocolle, et non led. Bailly, pour ne sçavoir, de ce enquis.

(*Signé :*) C. N. REYMOND.

III.

LES MAITRES TOURNEURS DE SAINT-CLAUDE FONDENT ANNUELLEMENT
EN LA MÊME ÉGLISE UNE GRANDE MESSE DES MORTS, POUR LE
LENDEMAIN DE LA SAINT-DOMINIQUE.

1658, 5 août.

Au nom de Dieu, amen. Comm'il soit que honorables Humbert
Thieboz, Jaque Joly, Jean Blondan, Claude Reffait, Sebastien
Granier, Claude Nicolas Granier, Humbert Granier, frères, Claude
Pierre Grandclement, Louys Reymond dit Jarin, Pierre Jaque
Bouvier Clacquin, Pierre Patel, Guillaume Blondan Pillon, Claude
Bariot dit La Jeunesse, Abran Tissot, Claude Humbert Goyard,
Jaque Tissot, André Perrier dit Gabety, Pierre Serre, Jean Soudan
dit Monet, Jaque Hugon, Jaque Revillard, Claude Millet, tous
bourgeois et habitantz de la ville de St-Claude, et François
Cristin dit Pion, de Chaumont, *maistres tourneurs*, mehuz de
pieté et devotion envers la divine majesté, la glorieuse Vierge
Marie et St Dominique, leur patron, ayent priez et requis les
sieurs venerables vicaire et familliers de l'eglise parroissiale St
Romain de la ville dud. St-Claude, vouloir prendre et accepter
la charge d'annuellement et perpetuellement dire et celebrer,
chacun lendemain de St Dominique, une haulte messe de l'office
des trespassez, à diacre et sous diacre, avec la prose selon qu'on
a accoustumé la dire après l'epistre, et à la fin d'icelle dire le
psalme *De profundis* et *Libera me*, à l'intention des ames de
ceux dont (*sic*) lesd. maistres torneurs sont tenuz prier, soubs
l'offre par eux faict de payer ausd. sieurs vicaire et familliers,

pour la dotation et fondation de lad. messe, la somme de cinquante frans pour une fois ; à quoy inclinantz favorablement, lesd. sieurs par venerables sieurs messires Jaque Joly, vicaire en lad. eglise, Claude Monet, Guillaume Rosset, docteur ès droictz canons, Jaque Vincent, Pierre Poncet, Jean Vuillerme, docteur en sainte theologie, Catherin Janguillaume, Lupcin Thieboz, Pierre Bauderat, Nicolas Granier, Claude Catherin Joly et François Reymond, procureur sechal, tous prebstres et familliers deservantz en lad. eglise, cy presentz, et tant en leur (*sic*) noms que des autres sieurs familliers d'icelle, lesquelz s'estantz constituez par devant le notaire soubscript, et presentz les tesmoins em bas nommez, ont prins et acceptez la charge de celebrer lad. messe, dire lesd. prose, *De profundis* et *Libera me* à la fin d'icelle, annuellement et perpetuellement, aud. jour de lendemain feste St Dominique, à l'intention et pour le repos des ames des defunctz torneurs de lad ville, comme encor de fournir les luminaires, ornementz et autres choses à ce necessaires, et de commencer le lendemain dud. jour de feste St Dominique prouchain, et ainsy d'année à autre perpetuellement ; et c'est moyennant lad. somme de cinquante frans, que lesd maistres torneurs ont reellement payez ausd. sieurs vicaire et familliers, retirez par led. sieur Reymond, en la susd. qualité de procureur sechal, et dont ilz s'en sont tenuz pour contentz, et ont promis l'employer en achapt de rente au proufit de lad. familiarité, par les lettres de laquelle sera dit que lad. somme de cinquante frans provient des bonnes volontés desd. maistres torneurs et presente fondation; ayant ainsy le tout esté stipulé et aggreé par lesd. parties, qui ont promis l'avoir pour aggreable, mesme lesd. sieurs familliers, pour eux et leurs successeurs, de l'effectuer ; obligeantz pour ce les biens de lad. familiarité subnis soubs le seel de Sa Majesté et tous autres, en renonceantz à toutes exceptions contraires, et neantmoins soubs le bon vouloir et plaisir de monseigneur leur diocesain. Faictes et passées en la sacristie de lad. eglise, par devant Claude Nicolas Reymond, de St-Claude, notaire, le cinquième aoust mil six cens cinquante huit, ès presences d'honorables François Catan et Pierre Jacquemin, cordonnier, bourgeois dud. St-Claude, tesmoins requis. Lesd. sieurs vicaire et familliers ont signez sur le protocolle avec

2

led. Jacquemin, cotesmoins, et non led. Catan, pour ne sçavoir.

(Signé :) .C. N. REYMOND.

Ces trois actes notariés sont conservés aux ARCHIVES DÉPARTEMENTALES DU JURA *(fonds de l'église paroissiale St-Romain de Saint-Claude, liasse des fondations).*

www.ingramcontent.com/pod-product-compliance
Lightning Source LLC
Chambersburg PA
CBHW061807040426

42447CB00011B/2519